Shan Guan

Etudes comparatives des constructions attributives français - chinois

Shan Guan

Etudes comparatives des constructions attributives français - chinois

Constructions copulatives français - chinois

Presses Académiques Francophones

Impressum / Mentions légales

Bibliografische Information der Deutschen Nationalbibliothek: Die Deutsche Nationalbibliothek verzeichnet diese Publikation in der Deutschen Nationalbibliografie; detaillierte bibliografische Daten sind im Internet über http://dnb.d-nb.de abrufbar.
Alle in diesem Buch genannten Marken und Produktnamen unterliegen warenzeichen-, marken- oder patentrechtlichem Schutz bzw. sind Warenzeichen oder eingetragene Warenzeichen der jeweiligen Inhaber. Die Wiedergabe von Marken, Produktnamen, Gebrauchsnamen, Handelsnamen, Warenbezeichnungen u.s.w. in diesem Werk berechtigt auch ohne besondere Kennzeichnung nicht zu der Annahme, dass solche Namen im Sinne der Warenzeichen- und Markenschutzgesetzgebung als frei zu betrachten wären und daher von jedermann benutzt werden dürften.

Information bibliographique publiée par la Deutsche Nationalbibliothek: La Deutsche Nationalbibliothek inscrit cette publication à la Deutsche Nationalbibliografie; des données bibliographiques détaillées sont disponibles sur internet à l'adresse http://dnb.d-nb.de.
Toutes marques et noms de produits mentionnés dans ce livre demeurent sous la protection des marques, des marques déposées et des brevets, et sont des marques ou des marques déposées de leurs détenteurs respectifs. L'utilisation des marques, noms de produits, noms communs, noms commerciaux, descriptions de produits, etc, même sans qu'ils soient mentionnés de façon particulière dans ce livre ne signifie en aucune façon que ces noms peuvent être utilisés sans restriction à l'égard de la législation pour la protection des marques et des marques déposées et pourraient donc être utilisés par quiconque.

Coverbild / Photo de couverture: www.ingimage.com

Verlag / Editeur:
Presses Académiques Francophones
ist ein Imprint der / est une marque déposée de
OmniScriptum GmbH & Co. KG
Heinrich-Böcking-Str. 6-8, 66121 Saarbrücken, Deutschland / Allemagne
Email: info@presses-academiques.com

Herstellung: siehe letzte Seite /
Impression: voir la dernière page
ISBN: 978-3-8416-3629-4

Copyright / Droit d'auteur © 2015 OmniScriptum GmbH & Co. KG
Alle Rechte vorbehalten. / Tous droits réservés. Saarbrücken 2015

Remerciements

Je souhaiterais adresser mes remerciements les plus sincères aux personnes qui m'ont apporté leur aide en vue de la réalisation de ce mémoire.

Je tiens à remercier premièrement Mme. Valérie Amary-Coudreau, directrice de mon mémoire, qui s'est toujours montrée à l'écoute et très disponible tout au long de cette année, ainsi que pour l'aide et le temps qu'elle a bien voulu me consacrer et sans qui ce mémoire n'aurait jamais vu le jour.

Je tiens aussi à remercier particulièrement Mme Daria Toussaint, qui a accepté d'être membre du jury pour le temps et de l'esprit qu'elle a bien voulu y consacrer.

J'exprime ma gratitude à mes parents pour leur contribution, leur soutien et leur patience tout au long de cette année universitaire.

Je tiens également à remercier mes proches et mes amis pour leur aide et leurs encouragements.

Table des matières

1. Introduction 2
2. Usage de *être* et de *shì* dans les constructions attributives 2
    2.1 Définition du verbe copule *être* et les constructions attributives en français 2
    2.2 Différentes formes de l'attribut du sujet en français et leurs interprétations sémantiques 3
    2.3 Définition du verbe copule *shì* et les constructions attributives en chinois 3
        2.3.1 Définition de *shì* dans son emploi verbal 3
        2.3.2 Notion d'attribut et les constructions attributives en chinois 4
        2.3.3 Quatre types de constructions attributives en chinois 5
        2.3.4 Interprétations sémantiques des constructions attributives en chinois 8
            2.3.4.1 Interprétations sémantiques basiques des constructions attributives en chinois 8
            2.3.4.2 Autres interprétations sémantiques des constructions attributives en chinois 9
    2.4 Etude comparative entre les constructions attributives en français et en chinois 11
    2.4.1 Etude comparative au niveau syntaxique 11
        2.4.2 Etude comparative au niveau sémantique 13
    2.5 Etude de la structure *X shì X* dans l'usage copulatif de *shì* et ses interprétations sémantiques 13
    2.6 Ellipse du verbe copule en français et en chinois 15
        2.6.1 Ellipse du verbe *être* dans les constructions attributives en français 15
        2.6.2 Ellipse du verbe *shì* dans les constructions attributives en chinois 17
    2.7 Certaines hypothèses à propos de l'origine et l'évolution du verbe copule *shì* 21
3. Autres usages courants de *shì* 25
    3.1 Fonction d'accentuation de *shì* dans les énoncés prédicatifs 25
    3.2 Différents points de vue sur la catégorie grammaticale de *shì* dans les énoncés prédicatifs 28
    3.3 Etude de la structure *X shì X* dans l'usage d'accentuation de *shì* et ses interprétations sémantiques 29
    3.4 Structure interrogative et *shì bú shì* (*shì*+ PTCL de négation + *shì*) 30
    3.5 Autres usages de *shì* 31
4. Quelques difficultés dans la traduction du verbe *être* en chinois 33
5. Propositions pour l'enseignement du verbe *être* dans les cours de FLE 34
6. Conclusion 35
7. Bibliographie 36

1. Introduction

Etre et *shì*, les verbes les plus courants du chinois et du français, sont souvent considérés dans les dictionnaires franco-chinois comme étant en correspondance dans les deux langues. Dans ces dictionnaires comme *Larousse le Dictionnaire de la langue française avec explications bilingues* (2006), *Nouveau dictionnaire français-chinois* (2006), *Dictionnaire français-chinois et chinois-français contemporain* (2009), plus précisément, quand *être* s'utilise en tant que verbe copule dans des constructions attributives en français, il est généralement traduit en *shì*, verbe copule correspondant en chinois. C'est une démarche tout à fait exacte quoi qu'un peu généraliste et cette mise en correspondance entre ces deux verbes est un peu imprécise. La question qui se pose ici, c'est d'abord si les constructions attributives en français et en chinois sont identiques et si la fonction de verbe copule dans les deux langues est aussi la même. Dans ce mémoire, nous procéderons d'abord à une étude comparative qui nous amènera à nous rendre compte des points communs et des différences entre les constructions attributives dans les deux langues aux niveaux syntaxique et sémantique. Nous traiterons ensuite l'origine du verbe copule *shì* qui a engendré également ses autres emplois en chinois contemporain. Enfin, nous verrons les difficultés dans la traduction du mot *être* en chinois en *shì* en raison du sémantisme intrinsèque de celui-ci.

2. Usage de *être* et de *shì* dans les constructions attributives

2.1 Définition du verbe copule *être* et les constructions attributives en français

Selon le Petit Robert (2003), *être* est un verbe copule reliant l'attribut au sujet en lui donnant une qualification: *La Terre est ronde*; une identité: *Le médium est le doigt du milieu*; en exprimant une inclusion, une appartenance: *Le chêne est un arbre*. Il peut être suivi d'une préposition indiquant le lieu: *Ils sont en Italie*; avec certaines prépositions: *Il faut rendre à César ce qui est à César. Je ne suis pas d'ici. On est en pantalon aujourd'hui.*

Touratier (2006) signale que le verbe copule *être* est souvent qualifié de *verbe vide*, c'est-à-dire verbe «vide de sens» (Marouzeau, 1910) ou de verbe qui «n'a pas de sens propre».

Selon *la Grammaire méthodique du français* (1994) (*désormais GMF*), une construction verbale est dite *attributive* si le verbe instaure entre l'élément dit *attribut* qu'il régit directement et le sujet (ou son complément d'objet) une relation morphosyntaxique et sémantique particulière marquée par le phénomène de l'accord.

Elle distingue deux types de constructions attributives: les constructions à l'attribut du sujet et celles à l'attribut du complément d'objet direct (désormais COD). Dans les premières, l'attribut du sujet (A.S.) est le deuxième constituant d'un groupe verbal (**GV = V +X**) dont le verbe introducteur est le verbe *être* ou un verbe d'état susceptible de lui être substitué. Il s'interprète comme un prédicat qui exprime une caractéristique (propriété, état ou catégorisation) du sujet: *Pierre est gentil / en colère / un excellent bridgeur*. Dans les deuxièmes, le syntagme verbal de la phrase *Il a trouvé ton projet irréaliste* s'analyse selon le schéma tripartite: **GV = V + N₁ + X** ou **N₁** représente le COD et **X** un troisième constituant dit attribut du complément d'objet direct (A.C.O.D). Celui-ci entretient avec le complément d'objet **N₁** le même rapport qu'un A.S. avec le sujet dans la phrase correspondante **N₁ - *être* - X**. Ainsi la phrase *Il [a trouvé ton projet irréaliste]*ɢᵥ établit entre l'objet et son attribut une relation paraphrasable par *Ton projet est irréaliste*.

2.2 Différentes formes de l'attribut du sujet en français et leurs interprétations sémantiques

Selon *la GMF*, l'attribut peut prendre de différentes formes et donner des différentes interprétations sémantiques. L'attribut peut être un groupe adjectival ou un groupe prépositionnel introduisant un nom de propriété souvent apparenté morphologiquement à un adjectif quand il indique une propriété inhérente ou un état du sujet: *Il est beau / dans l'embarras / de mauvais humeur*; il peut être nominal précédé de l'article indéfini et identifie le sujet comme une occurrence du type dénoté par le nom: *Pierre est un voisin agréable*; quand l'attribut nominal est précédé de l'article défini, il entretient avec le sujet une relation d'équivalence référentielle, deux expressions différentes se trouvant alors désigner un même référent singulier: *Le roi de Prusse est mon cousin*; il peut aussi être un pronom: *Lui c'est lui, moi c'est moi*; un groupe prépositionnel locatif et temporel: *Il est dans son bureau / Nous sommes en 1994*; un adverbe: *Pierre est pas mal* ou une construction infinitive: *Souffler n'est pas jouer.*

2.3 Définition du verbe copule *shì* et les constructions attributives en chinois

2.3.1 Définition de *shì* dans son emploi verbal

Dans *le Dictionnaire du Chinois Contemporain* (2005) (*Désormais DCC*), l'usage verbal de *shì* est défini de manière suivante: *shì* sert à mettre en relation deux entités, en exprimant un rapport d'identité ou de classification. Il est aussi utilisé pour exprimer l'existence d'une entité quand celle-ci est liée à un sujet qui est une expression de localisation.

- ***shì* exprime un rapport d'identité**:

(1) Zhōng guó   de   shǒu dū   shì   Běi jīng.

    Chine   PTCL[1]   capitale   COP[2]   Pékin

    La capital de la Chine est Pékin.

- *shì* exprime un rapport de classification:

(2) Wǒ   shì   xué shēng.

    je   COP   étudiant

    Je suis étudiant.

- *shì* exprime l'existence de l'attribut:

(3) Wū   hòu miàn   shì   yí   zuò   xiǎo   shān.

    maison derrière COP   une   classif.[3] petite montagne

    Il existe une colline derrière la maison.

Zhang (2012) montre que le verbe copule chinois *shì*, comme les verbes copules dans d'autres langues est un verbe vide de sens. Et il admet également avec Fan (2009) (1996), Yao (1960) et Chen (1995), que le verbe *shì*, en mettant en relation le sujet et son attribut, exprime toujours une affirmation subjective du locuteur.

2.3.2 Notion d'attribut et les constructions attributives en chinois

Selon *le DCC* (2005), dans certains ouvrages de grammaire comme Zhang (1960), on désigne la partie qui suit le verbe *shì* comme l'attribut. Tel que dans l'exemple *Wǒ shì xué shēng*, (Je suis étudiant), *xué shēng* est en l'occurrence l'attribut du sujet *wǒ*. Selon Zhang (1960), le verbe *shì* s'utilise entre le sujet et son attribut. Tous les deux doivent être nominaux et pronominaux ou assumés par des constructions autres que nominales mais nominalisées. Pourtant, le terme l'attribut ne fait pas partie des principaux constituants en chinois et c'est pour cette raison qu'il n'est pas fréquemment utilisé. Dans la plupart des articles au sujet de *shì*, il s'agit d'une construction prédicative. Comme le dit Chen (1995), le verbe *shì* forme le prédicat avec la

---

[1] Particule.
[2] Copule.
[3] Classificateur.

partie qui le suit et pour Fan (1996), *shì* fonctionne avec ses deux arguments et forme avec ceux-ci une prédication dont *shì* constitue le centre verbal. Il sert à lier les deux arguments en exprimant l'affirmation subjective d'une relation entre ceux-ci. Dans ce mémoire, nous appelons tout de même attributives les constructions ayant *shì* comme pivot verbal afin de mieux illustrer le contraste entre le chinois et le français.

Selon de nombreux linguistes chinois, les constructions attributives avec *shì* en chinois expriment une relation d'identité ou de classification entre deux entités (cf. Zhang, 2012). La structure de ces constructions est la suivante:

$$GN_1[4] + shì + GN_2$$

Zhang (2012) propose que les constructions attributives avec *shì* en chinois expriment une affirmation subjective d'une relation entre deux entités de la part du locuteur. Ces deux entités peuvent être aussi bien les GN que des GV[5]. De ce fait, les structures de ces constructions peuvent être **GN + *shì* + GN, GN + *shì* + GV, GV + *shì* + GN ou GV + *shì* + GV.**

2.3.3 Quatre types de constructions attributives en chinois

Nous avons dit que dans les constructions attributives avec *shì*, *shì* sert à lier le sujet et son attribut, tous les deux nominaux ou pronominaux (cf. Zhang, 2012). Et quant aux constructions non nominales ou pronominales occupant la position du sujet et de l'attribut, elles sont nominalisées (cf. Zhang, 1960; Fan, 2009).

Selon Zhang (2012), la nominalisation des GV en chinois se réalise par deux voies: par l'ajout d'une particule ou parce qu'ils prennent la place des constituants nominaux. Dans les constructions attributives en chinois, les GV sont mis dans les positions du sujet et de l'attribut et sont de ce fait nominalisés. Il n'y a pas de modification au niveau morphologique dans cette nominalisation parce que le chinois possède une écriture qui ne change pas.

Nous pouvons donc constater que ces constructions sont souvent des GV. Selon Fan (2009), quatre types d'énoncés avec *shì* sont distingués:

A. GN + *shì* + GN

---
[4] Groupe nominal.
[5] Groupe verbal.

(4) Zhāng   xiān shēng   *shì*   wǒ   de   xīn   lǎo shī   ma?

Nom chinois monsieur   COP   je   PTCL   nouveau   professeur   PTCL interrogative

Monsieur Zhang est-il mon nouveau professeur?

(5) Pierre   *shì*   yí   gè   yǔ yán xué jiā.

Pierre   COP   un   classif.   linguiste

Pierre est un linguiste.

Dans les exemples (4) et (5), le sujet (*Pierre* et *monsieur Zhang*) et l'attribut (*mon nouveau professeur* et *un linguiste*) sont tous les deux GN.

B. GN + *shì* + GV

(6) Tài yáng   jìng   de   zuò yòng   *shì*   bǎo hù   wǒ men   de   yǎn jing.

soleil   lunette   PTCL   fonction   COP   protéger   nous   PTCL   yeux

La fonction des lunettes de soleil c'est de protéger nos yeux. Fan (2009)

(7) Zhàn shì   de   zé rèn   *shì*   bǎo wèi   zǔ guó.

soldat   PTCL   devoir   COP   défendre   partie

Le devoir des soldats c'est de défendre la partie.

Le sujet de (6) (*la fonction des lunettes*) et de (7) (*le devoir des soldats*) sont des GN. L'attribut de (6) (*protéger nos yeux*) et de (7) (*défendre la patrie*) sont des GV constitués d'un verbe suivi d'un complément d'objet direct. Les deux GV sont mis dans la position de l'attribut et sont nominalisés.

C. GV + *shì* + GN

(8) Zài   kùn nán de   shí hou   bāng zhù   tā rén   *shì*   yì zhǒng   měi dé.

prép. loc[6] difficile PTCL moment aider autrui COP une sorte de vertu

Aider les gens dans des moments difficiles c'est une vertu.

(9) Cǎo   zhǎng   yīng   fēi,   niǎo   yǔ   huā   xiāng,

herbe pousser loriot s'envoler oiseau parler fleur se sentir bon

dōu   *shì*   dà zì rán   de   yǔ yán.

tout COP nature PTCL langage

Les herbes poussent, les oiseaux s'envolent et chantent, les fleurs sentent bon, ce sont tous des langages de la nature. (Fan (2009))

Le sujet de (8) (*aider les gens dans des moments difficiles*) est un SV constitué d'un verbe et de son complément d'objet direct (*aider + les gens*) accompagné d'un complément circonstanciel (*dans des moments difficiles*), et le sujet de (9) (*les herbes poussent, les oiseaux s'envolent et chantent*) est aussi formé de 3 GV. Ils se situent dans la position du sujet et sont nominalisés. L'attribut de (8) (*une vertu*) et de (9) (*des langages de la nature*) sont des GN.

D. GV + *shì* + GV

(10) Yuè dú   *shì*   xué xí,   shǐ yòng   yě   *shì*   xué xí.

lire COP apprendre appliquer aussi COP apprendre

Lire c'est apprendre, appliquer c'est aussi apprendre.

(11) Qù   lǚ yóu   *shì*   zhǎo   jiè kǒu   bù   lái   shàng kè.

aller voyager COP chercher prétexte PTCL nég.[7] venir en cours

Aller voyager c'est chercher un prétexte pour ne pas venir en cours.

---

[6] Préposition locative.
[7] Particule de négation.

Le sujet de (10) (*lire, appliquer*) et de (11) (*aller voyager*) sont des GV et l'attribut de (10) (*apprendre*) et de (11) (*chercher un prétexte pour ne pas venir en cours*) sont aussi des GV. Ils sont dans les positions du sujet et de l'attribut et sont nominalisés.

2.3.4 Interprétations sémantiques des constructions attributives en chinois
2.3.4.1 Interprétations sémantiques basiques des constructions attributives en chinois

Le verbe copule *shì* exprime l'affirmation subjective d'une relation (cf. Fan, 1995). Plus précisément, comme *être*, l'interprétation sémantique des constructions attributives peut être subdivisée en plusieurs catégories (Fan, 2009; Zhang, 1960). Selon *le DCC* (2005), les interprétations sémantiques les plus répandues sont l'identité, la classification et l'existence. Dans cette partie, nous visons à clarifier l'interprétation de l'existence en la comparant avec d'autres constructions semblables. Revenons sur ces quelques exemples suivants:

(12) <u>Dào chù</u> *shì* <u>měi lì</u> de <u>fēng jǐng</u> hé <u>rè qíng</u> de <u>rén men</u>.
 partout COP joli PTCL paysage et chaleureux PTCL gens
 Les jolis paysages et les gens chaleureux sont partout.

(13) Wū <u>hòu miàn</u> *shì* yí zuò xiǎo shān.
 maison derrière COP une classif. petite montagne
 Il existe une colline derrière la maison.

On peut remarquer que l'existence exprimée par la construction attributive avec *shì* n'est pas l'équivalent d'une localisation de l'attribut. Le sujet de *shì* est un groupe prépositionnel locatif, considéré comme étant nominalisé, exprimant le lieu, et l'attribut, qui prouve son existence, se place derrière *shì*. C'est une structure figée dans laquelle les deux éléments ne peuvent pas changer de place. Et si l'attribut se trouve à la place du sujet, *shì* disparaît et on utilise une construction propositionnelle avec la préposition locative *zài*.

Pour mieux faire ressortir la particularité de cette interprétation sémantique de la construction attributive avec *shì*, nous sommes amenées à comparer les exemples (12), (13) avec les exemples (14) et

(15):

(14) Yí   zuò   xiǎo   shān   *zài*   wū   hòu miàn.
    un   classif.   petite   montagne   prép. loc.   maison   derrière
    Une colline est derrière la maison.

(15) Wū   hòu miàn   *yǒu*   yí   zuò   xiǎo   shān.
    maison   derrière   avoir   une   classif.   petite   montagne
    Il y a une colline derrière la maison.

L'exemple (14) n'exprime que la simple localisation du sujet au moyen de la construction prépositionnelle *zài* + *localisation* sans recours au verbe copule *shì*. On peut remplacer *shì* dans (14) par *yǒu* (avoir) et former l'exemple (15). Ce sont deux structures sémantiquement très proches à (12) et (13), et on pourrait traduire *zài* + *localisation* par *être* + *préposition locative* et *yǒu* par *il y a*. Pourtant, il existe tout de même des différences subtiles entre ces trois énoncés. (14) n'exprime qu'une simple localisation du sujet. (15) avec *yǒu*, exprime l'existence de l'attribut. La différence entre (13) et (15) c'est que (13) exprime une affirmation de plus insistant sur l'existence de l'attribut à travers l'emploi de *shì* avec le sémantisme intrinsèque de celui-ci qui est l'expression d'affirmation. (Ding, 1961)

2.3.4.2 Autres interprétations sémantiques des constructions attributives en chinois

Par extension, il y a d'autres interprétations sémantiques des constructions attributives avec *shì*. Selon Fan (2009), plusieurs interprétations apparaissent dans certains contextes.

- ***Shì*** **exprime une métaphore**:

(16) Yí qiè   fǎn dòng pài   dōu   *shì*   zhǐ   lǎo hǔ.
    tout   réactionnaire   tout   COP   papier   tigre
    Tous les réactionnaires sont des tigres en papier. (Mao Zedong)[8]

---

[8] Cet énoncé est apparu dans l'interview de Mao Zedong par la journaliste americaine Anne Strong en 1946.

(17) Shì shí   shì   kē xué jiā   de   kōng qì.

réalité   COP   scientifique   PTCL   air

La réalité est l'air pour les scientifiques. (Fan, 2009)

Dans les exemples (16) et (17), le sujet (*les réactionnaires* et *la réalité*) est métaphorisés en *tigre en papier* et *air*. *Shì* dans ces énoncés peuvent être remplacé par *xiàng* (comme), mais il y a une légère différence. Avec *xiàng*, le sujet est comparé à l'attribut, mais avec *shì*, nous l'identifions à l'attribut de sorte que le sujet et l'attrbut ne sont plus considérés comme deux entités distinctes (Fan, 2009). Nous pouvons dire que dans ces énoncés, *shì* exprime à la fois l'affirmation subjective et la métaphore.

- ***Shì* remplace d'autres verbes**:

(18) Wǒ   shì   yí   gè   ér zi,   yí   gè   nǚ er.

je   COP   un   classif.   fils   une   classf.   fille

J'ai un fils et une fille.

(19) Qù   nián   shì   shuǐ zāi,   jīn nián   shì   hàn zāi.

passé   année   COP   inondation   cette année   COP   sécheresse

L'année passée, il y avait l'inondation; cette année, il y a la secheresse.

(20) Zhè   Zhāng   xiān shēng,   dōng tiān   shì   yí   jiàn   jiù   wài tào.

ce   nom chinois   monsieur   hiver   COP   un   classif.   vieux   manteau

Ce monsieur Zhang porte un vieux manteau en hiver.

Dans les énoncés (18) (19) et (20), les relations entre le sujet et son attribut sont autres que celles ordinairement exprimées par *shì*. En fait, *shì* est utilisé à la place d'autres verbes et exprime le sens qu'expriment habituellement ces verbes. Ainsi, dans (18), *shì* est remplace *yǒu* (avoir) et exprime la possession; dans (19), *shì* remplace *fā shēng* (avoir lieu) et exprime l'arrivée d'un événement; dans (20), *shì* remplace *chuān* (s'habiller). Ce qui est à remarquer, c'est que nous pouvons restituer ces verbes mais l'affirmation subjective qu'exprime *shì* va disparaître.

2.4 Etude comparative entre les constructions attributives en français et en chinois

2.4.1 Etude comparative au niveau syntaxique

La comparaison entre 2.3.3 et 2.2 montre que les structures des constructions attributives en chinois sont beaucoup plus restreintes qu'en français. Nous avons vu que l'attribut en chinois ne peut être autre que des GN, GP[9] et des GV nominalisés. Tandis qu'en français, les adjectifs, les constructions prépositionnelles peuvent aussi jouer le rôle de l'attribut. Faisons une récapitulation:

- *être* et *shì* sont tous les deux utilisés dans des énoncés du type (21) (22) et (23):

(21) a. Marie *est* une étudiante.

    b. Marie   *shì*   yí   gè   xué shēng.

       Marie   COP   une   classif.   étudiant

(22) a. La capitale de la Chine *est* Pékin.

    b. Zhōng guó   de   shǒu dū   *shì*   Běi jīng.

       Chine   PTCL   capitale   COP   Pékin

(23) a. Lire c'est apprendre, appliquer est aussi apprendre.

    b. Yuè dú   *shì*   xué xí,   shǐ yòng   yě   *shì*   xué xí.

       lire   COP   apprendre   appliquer   aussi   COP   apprendre

– Dans d'autres genres d'énoncés, le français utilise *être* alors que le chinois n'admet pas l'usage de *shì*, considérons les exemples (24)-(25):

---

[9] Groupe prépositionnel.

(24) a. Il *est* intelligent et poli.

    b. Tā   <u>cōng míng</u> yòu <u>lǐ mào</u>.

       il   intelligent et   poli

    c. * Tā   *shì*   <u>cōng míng</u> yòu <u>lǐ mào</u>.

(25) a. Ces couleurs *sont* très vives.

    b. <u>Zhè xiē</u> <u>yán sè</u>   hěn <u>xiān yàn</u>.

       ces   couleur   très   vive

    c. * <u>Zhè xiē</u> <u>yán sè</u> *shì* <u>xiān yàn</u>.

(26) a. Il *est* à la maison.

    b. Tā   zaì   jiā.

       il   prép. loc maison

    c. * Tā   *shì*   zaì   jiā.

(27) a. Le dossier *est* sur le bureau du secrétaire.

    b. <u>Wén jiàn</u> zaì   <u>mì shū</u>   de   <u>bàn gōng zhuō</u> shàng.

       dossier prép. loc secrétaire PTCL   bureau   sur

    c. * <u>Wén jiàn</u> *shì* zaì   <u>mì shū</u> de   <u>bàn gōng zhuō</u> shàng.

(28) a. Il *est* de Caen

    b. Tā   cóng   Caen   lái.

       il   de   Caen   venir

    c. * Tā *shì* cóng   Caen   lái.

(29) a. Il *est* sans emploi.

    b. Tā   méi   yǒu   <u>gōng zuò</u>.

       il   PTCL. nég.   avoir   emploi

    c.* Tā   *shì*   <u>méi yǒu</u>   <u>gōng zuò</u>.

Ces exemples précédents montrent que les adjectifs, les constructions prépositionnelles ne peuvent pas être l'attribut en chinois et donc ne peuvent pas être liés au sujet par *shì*.

En effet, en chinois, la localisation s'exprime à travers une construction prépositionnelle sous forme de *zài* + *localisation* sans recours à un verbe copule, (cf.(14)). Et les attributs en français constitués de prépositions autres que locative (tel que *Il est avec / sans sa femme / au chômage / en colère*), peuvent être considérés comme étant une variante des locutions adjectivales ou verbales, car dans ce cas, ils sont l'équivalent de *être* suivi d'un qualificatif ou d'un verbe: *Il est de Caen* (= Il est originaire de). *Il est sans emploi* (= Il est privé de ressource). *Elle est sans cesse après lui.* (= Elle l'importune, le querelle), etc., (cf. Touratier, 2006). Dans ce cas, le chinois utilise directement des adjectifs ou des verbes.

2.4.2 Etude comparative au niveau sémantique

Les constructions attributives en français et en chinois peuvent toutes les deux exprimer l'identité, (cf. (4)) la classification (cf. (5)) et la métaphore (cf. (16)).

2.5 Etude de la structure *X shì X* dans l'usage copulatif de *shì* et ses interprétations sémantiques

X shì X est une structure fréquemment utilisée en chinois dans laquelle les deux termes devant et derrière *shì* sont formellement et référentiellement identiques. La catégorie grammaticale de *shì* dans la structure *X shì X* peut avoir deux possibilités. Dans cette partie, nous allons voir le cas où *shì* est dans sa fonction de verbe copule et dans la partie 3 nous verrons que *shì* appartient à la catégorie adverbe. Nous examinons d'abord les énoncés dans lesquels *shì* est verbe copule. Considérons les exemples suivants:

(30) Nǐ   *shì*   nǐ,   wǒ   *shì*   wǒ,   <u>wǒ men</u>   jǐng   shuǐ   bú   fàn   hé   shuǐ.

     tu   COP   tu,   je   COP   je   nous   puits eau PTCL nég. déranger rivière eau

    Toi c'est toi, moi c'est moi, nous sommes comme l'eau dans le puits et l'eau dans la rivière, qui ne se dérangent pas.[10]

(31) Wǎng nián shì wǎng nián, jīn nián shì jīn nián, bú huì yí yàng.
ans passés COP ans passés cette année COP cette année PTCL nég. possible pareil
Les ans passes sont les ans passés, cette année c'est cette année, tous les ans ne peuvent pas être pareils.

(32) Gōng zuò shì gōng zuò, xīu xi shì xīu xi, shí jiān yào ān pái hǎo.
travailler COP travaille se reposer COP se reposer temps devoir organiser bien
Le travail c'est le travail, le repos c'est le repos, il faut bien organiser le temps.

(33) Tā de biǎo yǎn hěn chū sè, yǎn shén shì yǎn shén, zuò pài shì zuò pài.
il PTCL représentation très performante regard COP regard geste COP geste
Sa représentation est très performante, les regards sont les regards, les gestes sont les gestes. (les regards sont bien appuyés et les gestes sont bien montrés)

Dans cette structure, le sujet X et son attribut X, sont formellement et référenciellement identiques. Comme ce qu'est demandé par la construction attributive habituelle, X peut être des GN (31) (33), GP (30) ou des GV nominalisés (32). Mais, ce qui les différencie des énoncés comme *La capitale de la Chine est Pékin*, c'est que X *shì* X ne peut pas exister seul sinon l'interprétation sémantique est incomplète. C'est la raison pour laquelle la structure intégrale de l'énoncé se manifeste comme X *shì* X + Y *shì* Y + *commentaire*.

Les énoncés du type X *shì* X + Y *shì* Y + *commentaire* sert généralement à exprimer deux sens:

- **La distinction entre l'élément X et Y.** Avec le commentaire qui suit, cette structure explicite cette distinction comme: *nous sommes comme l'eau du puits et l'eau de la rivière qui ne se mélangent pas* (30); *tous les ans ne peuvent pas être pareils* (31) et *il faut bien organiser le temps* (32) explicitent la nette distinction entre *toi* et *moi* (30), entre *cette année* et *les années passées* (31), *le travail* et *le repos* (32).

- **La qualité de quelquechose.** Dans ce cas, l'élément X, Y voire Z sont souvent des parties mises en

---

[10] C'est un proverbe chinois exprimant la nette distinction entre deux personnes qui ne sont pas en bon terme.

valeur pour valoriser la qualité d'un ensemble. Dans (33), *les regards* et *les gestes* de l'acteur sont appréciés pour valoriser la qualité de sa représentation.

2.6 Ellipse du verbe copule en français et en chinois

2.6.1 Ellipse du verbe *être* dans les constructions attributives en français

Par définition, le verbe *être* a pour rôle de lier un sujet et son attribut et permet de former une relation attributive. Pourtant, dans certains énoncés, la relation attributive peut aussi être établie sans que *être* soit présent. Observons les exemples suivants:

(34) Il est rentré ivre à la maison.

(35) Il a trouvé ce projet irréaliste.

(36) Joli, ce tableau!

(37) La première dame enceinte

(38) Les manifestants dans la rue

Selon *la GMF* (1994), les énoncés comme (34) sont construits par un des verbes occasionnellement attributifs. Il s'agit des verbes transitifs ou intransitifs qui figurent occasionnellement dans des constructions où ils sont suivis d'un élément qui appartient aux classes grammaticales susceptibles d'avoir la fonction d'A.S, et qui s'accordent avec le sujet et caractérisent ce dernier à la manière d'un attribut du sujet.

En fait, leur sujet combine une construction verbale ordinaire avec une construction à A.S. sans copule exprimée. Ainsi, la phrase: *Il est rentré ivre* s'analyse comme l'amalgame de la phrase *Il est rentré* (qui décrit une action effectuée par le sujet) et de la phrase attributive *Il était ivre* (qui décrit l'état du sujet dans le cadre de cette action).

Avec les énoncés tels que (35), nous revenons à l'examen de l'attribut du complément d'objet direct (A.C.O.D). Selon *la GMF* (1994), l'A.C.O.D entretient avec le complément d'objet N_1 le même rapport dans la phrase $GV = V + N_1 + X$ qu'un A.S. avec le sujet dans la phrase correspondante $N_1 - être - X$. Ainsi la phrase *Il a trouvé ce projet irréaliste* établit entre l'objet et son attribut une relation paraphrasable par *Ce projet est irréaliste*. Et l'exemple (36) fait partie des phrases exclamatives à attribut détaché qui illustre le cas où le français fait l'économie de la copule entre le sujet et l'A.S.

Riegel (2006) met en contraste la notion de la proposition attributive copulative (PAC) avec celle de la proposition attributive réduite (PAR). Les PAC correspondent aux constructions attributibutives dans lesquelles la relation attributive est réalisée par la présence de copule verbale tandis que les PAR correspondent à celles dans lesquelles la simple juxtaposition du prédicat non verbal suffit à réunir les deux termes et à exprimer la même chose que les PAC. Riegel fait remarquer que parfois les deux formes alternent au point d'apparaître comme de simples variantes. Ainsi, l'énoncé aux verbes occasionnellement attributifs comme (34), l'énoncé à attribut de l'objet comme (35) et la phrase exclamative averbale comme (36), permettent aussi d'attribuer une propriété à un sujet malgré l'absence de la copule.

En plus, les constructions attributives sans copule apparaissent très souvent dans les titres de journal qui, selon Vinet (1993) sont considérés comme un registre particulier de la grammaire d'une langue. Vinet avance que ces structures prédicatives sans copule dans ce registre peuvent se présenter sous la forme de prédicats adjectivaux (37) ou prépositionnels (38). Pourtant, dans de tels énoncés, lorsque la copule verbale est absente, nous observons de fortes contraintes sémantiques sur la réalisation syntaxique du prédicat. C'est-à-dire que tous les attributs ne se permettent pas de réaliser une construction attributive sans copule dans les titres de journal, étant donné que les attributs concernés devront avoir des propriétés sémantiques et aspectuelles spécifiques. En fait, seuls les adjectifs représentant une propriété temporaire du sujet et un changement d'état et seules les prépositions à valeur locative pure sont acceptables alors que les prédicats permanents sont exclus. Ces principes sont illustrés par la légitimité de (37) (38) et l'illégitimité de (37') (38'):

(37) La première dame enceinte

(37')* La première dame belle

(38) Les manifestants dans la rue

(38')* Les manifestants vers Paris

Pour être acceptable dans ces constructions averbales des titres, il faut que le prédicat adjectival puisse exprimer une différence entre l'état final et l'état initial du sujet. Ainsi, *belle* dans (37') est exclu mais *enceinte* dans (37) est acceptable. Quant aux prédicats prépositionnels, ceux qui fonctionnent avec des verbes de mouvement (*aller, partir*, etc.) sont exclues parce qu'elles ne peuvent pas apparaître dans le prédicat d'un verbe d'état comme *être*. Par conséquent, seules les prépositions à valeur locative pure sans l'expression de mouvement telles que *dans* sont sélectionnées.

2.6.2 Ellipse du verbe *shì* dans les constructions attributives en chinois

Selon Yao (1981) et Fan (2009), la présence du verbe copule *shì* dans les constructions attributives est obligatoire. On constate toutefois l'absence de *shì* dans certaines constructions attributives en chinois. Selon Fan (2009), on fait souvent l'ellipse de *shì* dans des phrases attributives exprimant:

- **le temps climatique:**

(39) <u>Jīn tiān</u>   *(shì)*   <u>yīn tiān</u>.
  aujourd'hui   (COP)   temps nuageux
  Aujourd'hui, il fait un temps nuageux.

- **le temps temporel:**

(40) <u>Hòu tiān</u>   *(shì)*   <u>guó qìng jié</u>.
  après demain   (COP)   fête nationale
  Après demain c'est la fête nationale.

(41) <u>Míng tiān</u>   *(shì)*   <u>xīng qī wǔ</u>.
  demain   (COP)   vendredi
  Demain nous sommes vendredi.

- **l'origine:**

(42) <u>Xiǎo Wáng</u>   *(shì)*   <u>Běi jīng</u>   rén.
  petit Wang   (COP)   Pékin   personne
  Xiao Wang est un pékinois.

- **la possession:**

(43) <u>Zhè   běn   shū</u>   *(shì)*   <u>nǎi nai</u>   de.
  ce   classif.   livre   (COP)   grand-mère   PTCL

Ce livre est à la grand-mère.

Dans certaines phrases exclamatives où l'attribut est aussi l'appellation, on fait également l'ellipse de *shì*:

(44) Nĭ *(shì)* gè <u>huài dàn,</u> <u>zěn me</u> néng zuò zhè zhŏng shì!
tu (COP) classif. fripon comment pouvoir faire ce genre chose
Tu es un fripon, comment tu peux faire ce genre de chose!

Cependant, Zhang (1960) mentionne le fait que *shì* est obligatoire dans les constructions attributives en chinois et que l'ellipse de *shì* dans ces constructions n'est réservée qu'aux cas très particuliers. Il est vrai que l'on peut ne pas utiliser *shì* dans certains énoncés attributifs où on l'utilise habituellement. Si on supprime *shì*, le sens de l'énoncé ne change pas comme les exemples (39) - (44). Pourtant, ces énoncés sont évidemment dénombrables et l'ellipse de *shì* rend la plupart des énoncés attributifs irrecevables.

Comparons les exemples:

(45) a. Zhè *shì* yì běn shū.
ceci COP un classif. livre.
Ceci est un livre.
b.* Zhè yì běn shū.
ceci un classif. livre.

(46) a. <u>Lì liàng</u> *shì* gāng.
force COP acier
La force est de l'acier.

b.* Lì liàng   gāng.

   force   acier

(47) a. Dú shū *shì* xué xí, shǐ yòng yě *shì* xué xí.

   lire   COP apprendre   appliquer aussi COP apprendre

   Lire c'est apprendre, appliquer c'est aussi apprendre.

   b. * Dú shū   xué xí,   shǐ yòng   yě   xué xí.

   lire   apprendre   appliquer   aussi   apprendre

Nous allons donc considérer cette ellipse de *shì* comme une simple exception hors normes. En outre, même dans des énoncés exprimant le temps, l'origine et la possession, l'ellipse de *shì* n'est plus pertinente dans la négation.

(48) a. Jīn tiān   yīn tiān.

   aujourd'hui   temps nuageux

   Aujourd'hui, il fait un temps nuageux.

   b. * Jīn tiān   bú   yīn tiān.

   aujourd'hui PTCL nég. temps nuageux

   c. Jīn tiān   bú   shì   yīn tiān.

   aujourd'hui PTCL nég. COP   temps nuageux

   Aujourd'hui le temps n'est pas nuageux.

(49) a. Míng tiān   xīng qī wǔ.

   demain   vendredi

   Demain nous sommes vendredi.

b. * <u>Míng tiān</u>   bú   <u>xīng qī wǔ</u>.
   Demain   PTCL nég.   vendredi

c. <u>Míng tiān</u>   bú   *shì*   <u>xīng qī wǔ</u>.
   Demain   PTCL nég. COP   vendredi

Demain nous ne sommes pas vendredi.

(50) a. <u>Xiǎo Wáng</u>   <u>Běi jīng</u>   rén.
   petit Wang   Pékin   personne

Petit Wang est un pékinois.

b. * <u>Xiǎo Wáng</u>   bú   <u>Běi jīng</u>   rén.
   petit Wang   PTCL nég.   Pékin   personne

c. <u>Xiǎo Wáng</u>   bú   *shì*   <u>Běi jīng</u>   rén.
   petit Wang   PTCL nég. COP   Pékin   personne

Petit Wang n'est pas Pékinois.

(51) a. Zhè   běn   shū   <u>nǎi nai</u>   de.
   ce   classif. livre   grand-mère   PTCL

Ce livre est à la grand-mère.

b. * Zhè   běn   shū   bú   <u>nǎi nai</u>   de.
    ce   classif. livre PTCL nég. grand-mère PTCL

c. Zhè   běn   shū   bú   *shì*   <u>nǎi nai</u>   de.
   ce   classif. livre PTCL nég. COP   grand-mère PTCL

Ce livre n'est pas à la grand-mère.

Par ailleurs, si l'on veut ajouter un adverbe de degré, la restitution de *shì* est aussi obligatoire.

(52) a. Hòu tiān   guó qìng jié.

   après demain   fête nationale

   Après demain c'est la fête nationale.

   b.* Hòu tiān   dí què   guó qìng jié.

   après demain   sûrement   fête nationale

   c. Hòu tiān   dí què   shì   guó qìng jié.

   après demain sûrement   COP   fête nationale

   Après demain c'est sûrement la fête nationale.

(53) a. Nǐ   gè   huài dàn,   zěn me   néng   zuò zhè zhǒng shì!

   tu   classif. fripon   comment pouvoir faire ce genre chose

   Tu es un fripon, comment tu peux faire ce genre de chose!

   b.* Nǐ   dí què   gè   huài dàn,   zěn me   néng zuò zhè zhǒng shì!

   tu sûrement classif. fripon   comment pouvoir faire ce genre chose

   c.   Nǐ   dí què   shì   gè   huài dàn,   zěn me   néng zuò zhè zhǒng shì!

   tu sûrement COP classif. fripon   comment pouvoir faire ce genre chose

   Tu es sûrement un vrai fripon, comment tu peux faire ce genre de chose!

2.7 Certaines hypothèses à propos de l'origine et l'évolution du verbe copule *shì*

Certaines hypothèses ont été émises en quête de l'origine du verbe copule *shì*. Les hypothèses principales sont le mécanisme du thème, le changement analogique et la pause phonologique (cf. Chang, 2006). Selon Chang (2006), ces trois hypothèses subissent toutefois des imperfections.

a. Selon le mécanisme du thème au sujet (Li et Thompson, 1977), *shì* **s'est transformé en verbe copule à partir du pronom démonstratif par le biais d'un mécanisme du topique au sujet.** De ce point de vue, le chinois est une langue à structure à "topique-commentaire" (*topic-comment*), et le pronom sujet *shì* du commentaire est en coréférence avec le topique. Celui-ci est ensuite réanalysé comme un verbe copule dans une structure à sujet-prédicat. Le verbe copule *shì* trouve donc son origine dans le pronom démonstratif *shì*, qui est réanalysé comme une copule verbale au moment où le topique s'est transformé en sujet et la structure à topique-commentaire est devenue celle à sujet-prédicat. Le modèle est le suivant:

Topique + Commentaire ⟶ Sujet + Prédicat

SN1   *shì* + SN2   SN1   *shì* + SN2

Shì dans le commentaire est un pronom démonstratif signifiant *ceci*, qui réfère au topique. Cette fonction de *shì* est illustrée par des énoncés suivants:

(54) Zhī   ér   shì   zhī,   shì   bù   rén   yě.
savoir mais utiliser lui   ceci PTCL nég. gentil PTCL
Utiliser les gens tout en étant conscient, ceci n'est pas gentil. (Meng zi)[11]

(55) Jǐ   yù   qí   shēng,   yòu   yù   qí   sǐ,   shì   huò   yě.
déjà vouloir le   vivre encore vouloir le   mourir ceci indécision PTCL
Le fait de vouloir à la fois qu'il vive et meure, ceci est une indécision. (Lun yu)[12]

(56) Qióng   yǔ   jiàn,   shì   rén   zhī   suǒ   wù   yě.
pauvreté et rabaissement ceci gens PTCL chose détester PTCL
La pauvreté et le rabaissement, c'est ce que les gens détestent. (Lun yu)

Cependant, comme le signale Chang (2006), ce mécanisme de topique à sujet montre des inconvénients: cette hypothèse n'est valable que dans la condition où le chinois s'est développé d'une langue à l'orientation du topique (*topic-oriented*) à une langue à l'orientation du sujet (*sujet-oriented*). Or, un tel développement n'a jamais eu lieu et le chinois est toujours une langue à l'importance du topique (*topic-prominent*).

---
[11] *Mengzi*, ouvrage traduit en *Mencius*, fut écrit vers la fin du 4ème siècle av. J.-C, dans lequel fûtent notées des pensées du penseur Mengke.
[12] *Lunyu*, traduit en Les entretiens du Confucius, fut écrit en 5ème siècle av. J.-C. Il contient des dialogues entre le Confucius et ses disciples.

b. **Selon l'hypothèse du changement anaphorique (cf. Yen, 1986), la copule *shì* trouve son origine dans une particule d'affirmation par opposition à une particule de négation *fēi* qui signifie « faux ».** Selon Yen, la copule *shì* apparaît parce que les locuteurs la prenaient comme l'antonyme de *fēi*. Puisque *fēi* fut communément utilisé devant un prédicat nominal, sa contre-partie affirmative *shì* a également commencé à apparaître devant un prédicat nominal, comme une copule. Il avance deux motivations pour que la particule affirmative *shì* devienne une copule. D'abord, la particule finale *yě* disparaît, ce qui aurait fait que la particule affirmative *shì* est vue comme le marqueur du prédicat nominal. Deuxièmement, après que la particule négative *fēi* a été remplacée par *bú shì*, c'est-à-dire sous la forme de la particule négative plus *shì*, la particule affirmative *shì* est vue comme un verbe car la particule négative *bú* a pu apparaître devant elle. Le modèle de ce changement analogique est suivant:

A. *fēi* « faux » :: *shì* « vrai »
   fēi « négatif » :: *shì* « affirmatif »
   apparaître devant un prédicat nominal :: apparaître devant un prédicat nominal

B. *fēi* ⟶ *bú shì* ⟶ *bú* + verbe ⟶ *bú* + *shì* (donc, *shì* devient un verbe)

(57) Rú   yì   guǐ   *fēi*   sǐ   rén,   zé   qí   xìn   Dùbó   fēi   yě;
     si   penser diable PTCL nég. mort   gens   donc leur croire Dubo   faux   PTCL

     rú   yì   guǐ   *shì*   sǐ   rén,   zé   bó   zàng   fēi   yě.
     si   croire diable PTCL affirm. mort gens   donc simple enterrer   faux   PTCL

S'ils pensent que les diables ne sont pas des gens morts, leur croyance en l'histoire de Dubo est fausse; s'ils pensent que les diables sont des gens morts, alors il est faux de les enterrer simplement.

Selon Yen (1986), l'ordre est suivant: la considération de *shì* comme la contrepartie de *fēi*; le remplacement de *fēi* par *bú shì*; l'apparition de *bú* devant *shì* fait que *shì* devient un verbe copule. Cependant, d'après Chang (2006), il existe des erreurs chronologiques. Comme Ma (1959) le montre, *fēi* n'aurait pas été remplacé par *bú shì* avant la dynastie de Han (de 206 B.C à 220 A.D) et pourtant l'apparition de la copule *shì* se trouve bien avant.

c. Selon l'hypothèse de la pause phonologique (cf. Feng, 1993), le chinois est une langue à structure topique-commentaire (*topic-comment*) et le pronom démonstratif *shì* dans la position de sujet du commentaire fait référence au topique qui le précède. D'après Feng (1993), il y a une pause phonologique entre le pronom sujet *shì* et son prédicat et le verbe copule *shì* s'est développé à partir du pronom démonstratif *shì* à travers des étapes suivantes. D'abord, la pause phonologique entre le sujet et le prédicat est devenue facultative. Ensuite, la fonction du pronom démonstratif *shì* s'est affaiblie. Tous ces facteurs ont contribué à ce que la fonction anaphorique de *shì* devienne opaque et que *shì* soit réanalysé en tant que verbe copule. Puis, le mouvement du topique vers la position du sujet pousse *shì* dans la position de pause. Ce faisant, la fonction anaphorique de *shì* s'est réduite. Le modèle de ce mouvement est traité sur la base de l'exemple suivant:

(58) Shù   míng   xīng   yǔn,   shì   zì rán   zhī   biàn   yě.
     arbre froisser étoile tomber ceci nature   PTCL génitive changement PTCL
     Les arbres froissent, les étoiles tombent, ce sont les phénomènes de la nature. (Meng zi)

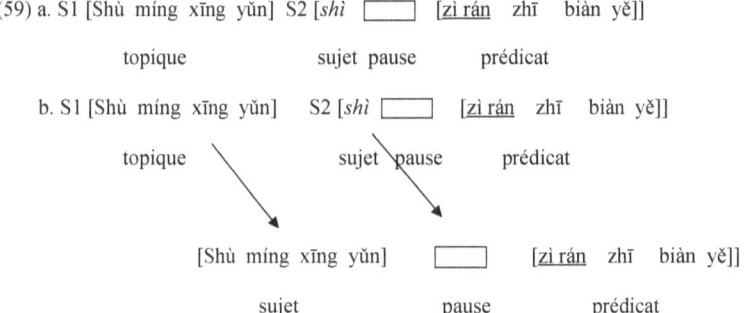

(59) a. S1 [Shù míng xīng yǔn] S2 [shì ☐ [zì rán zhī biàn yě]]
         topique   sujet pause   prédicat

     b. S1 [Shù míng xīng yǔn] S2 [shì ☐ [zì rán zhī biàn yě]]
         topique   sujet pause   prédicat

            [Shù míng xīng yǔn]   ☐   [zì rán zhī biàn yě]]
               sujet   pause   prédicat

Selon Chang (2006), le fait que le chinois ne s'est toujours pas transformé en une langue à l'orientation du sujet (*subject-oriented*) fait que le mouvement du topique au sujet ne peut pas avoir lieu et ne peut pas déclencher l'évolution du pronom démonstratif *shì* en un verbe copule.

De ce fait, Chang (2006) avance son hypothèse qui est basée sur le concept de l'existence du temps et de l'espace de Katz (Katz, 1996). Katz propose que les copules et le pronom de troisième personne partagent le même concept de l'existence du temps et de l'espace. Et le fait que le pronom démonstratif *shì* ait pu se développer en une copule est dû à ses doubles propriétés: d'abord, il a le même concept de base qui est celui de l'existence du temps et de l'espace dont la copule dispose également; puis il possède une forme verbale et est capable de se comporter en tant que verbe comme dans l'exemple suivant:

(60). Bǎi xìng   jiē   *shì*   wú   jūn,   ér   fēi   lín   guó,

       peuple   tout   en accord avec   notre empereur mais PTCL nég. voisin   pays

       zé   zhàn   yǐ   shèng   yǐ.

       donc   guerre   déjà   gagner   PTCL

Si tous les peuples sont en accord avec notre empereur mais pas avec celui du pays voisin, alors nous avons déjà gagné la guerre. (Wu zi)[13]

Par conséquent, selon Sun (1992), le développement de *shì* en une copule est dû à sa double catégorie grammaticale, en l'occurrence, le pronom démonstratif et le verbe. C'est la fonction verbale de *shì* qui pousse le pronom démonstratif *shì* à devenir un verbe copule.

De surcroît, le fait que *shì* fait partie de multiples catégories grammaticales et que tous ces *shì* ayant des fonctions différentes apparaissent dans le même contexte syntaxique contribue aussi à ce développement. Comme ce qui a été mentionné auparavant, *shì* peut être un pronom démonstratif (cf. (54), (55), (56), (58)); une particule affirmative (cf. (57)); un verbe (cf. (60)) et un déterminant comme dans l'exemple (61):

(61) Fū zǐ   zhī   yú   *shì*   bāng   yě.

    maître   arriver   à   ce   pays   PTCL

    Le maître arrive à ce pays. (Lun yu)

3. Autres usages courants de *shì*

3.1 Fonction d'accentuation de *shì* dans les énoncés prédicatifs

L'apparition de *shì* dans des énoncés non attributifs est un phénomène très courant en chinois contemporain. Quand *shì* s'utilise dans des énoncés prédicatifs, il sert souvent à accentuer l'élément qui le suit (Yao, 1981). Selon Yao, comme nous allons l'observer, *shì* peut se placer devant la plupart des

---

[13] *Xunzi*, est un ouvrage des strategies de la guerre, ecrit par Qi Wu entre 403-221 av. J.-C.

constituants dans l'énoncé. Dans ce cas, *shì* n'est plus un verbe copule mais il applique une accentuation sur l'élément qu'il précède. L'intonation de *shì* à l'oral peut être accentuée ou pas et l'interprétation de l'énoncé va être légèrement différente. Quand *shì* est non accentué oralement, il effectue une simple mise en valeur de l'élément qui le suit et le met dans le statut de focus (c'est le cas de l'accentuation du sujet ou du complément circonstanciel); et quand il est accentué dans l'intonation, il insiste sur la véracité de l'action présentée par le prédicat. Nous examinons en premier lieu les deux possibilités où *shì* n'est pas accentué.

a. *shì* apparaît devant le sujet (non accentué):

(62). *Shì* wǒ kàn qīng le xíng shì.
shì je voir clairement PTCL du passé situation
C'est moi qui ai clairement vérifié la situation.

(63). *Shì* jīn qián gǎi biàn le tā.
shì argent changer PTCL du passé il
C'est l'argent qui l'a changé.

Dans (62) et (63), le sujet de la phrase *je*, *l'argent* sont mis en valeur. Ils constituent en fait le focus et les deux énoncés peuvent s'interpréter sous la forme de clivée en français: *c'est moi mais pas quelqu'un d'autres qui ai bien vérifié la situation / c'est l'argent mais pas autres choses qui l'a changé*.

b. *shì* apparaît devant le complément circonstantiel (non accentué):

(64) Lǎo shī *shì* zài kè táng shàng biǎo yáng le tā.
professeur *shì* prép. loc. classe sur faire des compliments PTCL du passé il
C'est en classe que le professeur lui a fait des compliments.

(65) Huì yì *shì* zài xià xīng qī kāi shǐ.
conférence *shì* prép. loc. prochaine semaine commencer
C'est la semaine prochaine que la conférence commence.

Dans (64) et (65), *shì* met en avant les compléments circonstanciels *en classe / la semaine prochaine* et les accentue. Ces compléments circonstanciels constituent le focus et les deux énoncés peuvent s'interpréter sous forme de clivée en français: *C'est en classe* (*mais pas ailleurs*) *que le professeur lui a fait des compliments* / *C'est la semaine prochaine* (*mais pas demain*) *que la conférence commence.*

c. *shì* apparaît devant le prédicat (accentué):

(i) *shì* devant le prédicat verbal

(66) Tā   *shì*   jià   gěi   tā   le,   <u>dàn shì</u>   hěn   bù   <u>qíng yuàn</u>.

elle   *shì*   épouser   donner   il   PTCL passé   mais   très   PTCL nég.   vouloir

C'est vrai qu'elle l'a épousé, mais elle ne voulait pas.

(67) Wǒ   *shì*   méi   <u>wán chéng</u>   <u>zuò yè</u>,   nín   <u>chǔ fá</u>   wǒ   ba.

je   *shì*   PTCL nég.   finir   devoir   vous   punir   je   PTCL d'intonation

C'est vrai que je n'ai pas fini le devoir, vous pouvez me punir.

Dans (66) et (67), *shì* accentue la prédication de l'énoncé: *l'avoir épousé* et *ne pas avoir fini le devoir*. L'interprétation véhiculée par la présence de *shì* est en réalité: *c'est vrai qu'elle l'a épousé, c'est vrai que je n'ai pas fini le devoir*. Et lorsque *shì* s'utilise de cette façon, nous attendons souvent une suite ayant une relation d'opposition (66) ou de causalité (67) avec la partie précédente de l'énoncé.

(ii) *shì* apparaît devant le prédicat adjectival

(68) tā   *shì*   hěn   <u>gāo xing</u>,   què   yě   hěn   <u>dān xīn</u>.

il   *shì*   très   content   mais aussi   très   inquiet

C'est vrai qu'il est très content, mais aussi très inquiet.

(69) <u>Jīn nián</u>   de   <u>xià tiān</u>   *shì*   hěn   cháng,   <u>suǒ yǐ</u>   duō   <u>chū qù</u>   zǒu zǒu.

cette année   PTCL   été   *shì*   très   long   donc   beaucoup   sortir   se promener

Cet été est très long, donc allez faire plus de promenade.

Dans (68) et (69), *shì* se trouve devant le prédicat adjectival *content* et *long* et le met en valeur. Nous pouvons toujours interpréter le sens de *Il est vraiment content / Cet été est vraiment long* et nous attendons toujours une suite en relation d'opposition (68) ou de causalité (69) avec la première partie de l'énoncé.

Nous constatons que quand *shì* se trouve dans les énoncés prédicatifs, il peut se placer assez librement. Il peut aussi bien apparaître devant le sujet, le prédicat verbal ou adjectival et le complément circonstanciel. Sa fonction est soit d'apporter une simple accentuation sur l'élément qui le suit, soit d'admettre la véracité du procès en même temps que de l'accentuer.

3.2 Différents points de vue sur la catégorie grammaticale de *shì* dans les énoncés prédicatifs

Deux points de vue sont proposés à propos de la catégorie grammaticale du *shì* d'accentuation. Il est généralement admis que *shì* dans les énoncés prédicatifs est dérivé de son emploi de copule. Comme disait Lv (1979): *La fonction de base de "shì" est d'affirmer, donc que ce soit il est dans sa fonction de liaison en tant que verbe copule ou d'accentuation, l'énoncé comprend toujours une affirmation. La différence se trouve seulement dans l'intonation*. En s'appuyant sur la proposition de Lv, Li (2007) propose que l'usage de *shì* d'accentuation est le développement de son emploi de verbe copule. Il avance que l'usage de *shì* devient plus souple après l'apparition de son usage copulatif et que cette évolution a donné lieu à de nombreuses fonctions semblables à celle de copule. Il stipule que l'usage de *shì* dans les énoncés prédicatifs ressemble à un adverbe et pourtant *shì* ne s'est pas transformé en adverbe mais demeure un verbe. Il justifie cette affiliation par la proximité entre l'affirmation et l'accentuation qu'exprime l'emploi de *shì* dans les constructions attributives et prédicatives.

Pourtant, Zhang (1960) considère l'emploi de *shì* dans les constructions prédicatives comme adverbial. Rappelons la notion d'adverbe en chinois: les adverbes en chinois sont les mots qui expriment les degrés, les limites ou les tons. Ils servent à qualifier le prédicat verbal ou adjectival (Xie, 1999). Xie avance les arguments selon lesquels *shì* dans les énoncés prédicatifs est un adverbe et n'est plus un verbe copule. Selon Xie (1999) et Zhang (2012), les énoncés prédicatifs avec la présence de *shì*, mettent en valeur un constituant d'un procès dont l'acteur est le sujet, mais n'exprime pas une identification du sujet. Le centre verbal de ces énoncés est le prédicat verbal ou adjectival mais pas *shì*. En conséquence, *shì* dans ces énoncés prédicatifs ne fait qu'apporter une accentuation à un élément de l'énoncé et peut être supprimé sans que l'énoncé soit syntaxiquement incomplet ou sémantiquement modifié. C'est ce qui contredit le fait que *shì* soit le centre verbal dans les constructions attributifs pour lesquels la présence de *shì* est obligatoire.

L'autre argument apporté par Xie (2006), c'est que les formes de négation sont différentes pour les constructions attributives et les constructions prédicatives en présence de *shì*.

- **Dans les constructions attributives, puisque *shì* est le centre verbal de l'énoncé, la particule de négation se place devant *shì*:**

(70) a. <u>Zhōng guó</u>   de   shǒu dū   shì   <u>Běi jīng</u>.

   Chine   PTCL   capitale   shì   Pékin

   La capital de la Chine est Pékin.

   b. <u>Zhōng guó</u>   de   shǒu dū   bú   shì   <u>Běi jīng</u>.

   Chine   PTCL   capitale PTCL nég.   shì   Pékin

   La capital de la Chine n'est pas Pékin.

- **Dans les constructions prédicatives, la particule de négation se place devant le prédicat et souvent derrière *shì*:**

(71) a. *Shì*   wǒ   kàn   qīng   le   <u>xíng shì</u>.

   shì   je   voir   clairement   PTCL passé   situation

   C'est moi qui ai clairement vérifié la situation.

   b. *Shì*   wǒ   méi   kàn   qīng   <u>xíng shì</u>.

   shì   je   PTCL nég.   voir   clairement   situation

   C'est moi qui n'ai pas clairement vérifié la situation.

3.3 Etude de la structure *X shì X* dans l'usage d'accentuation de *shì* et ses interprétations sémantiques

Comme nous l'avons mentionné en 2.5, la catégorie grammaticale de *shì* dans la structure *X shì X* peut avoir deux possibilités: il peut être un verbe copule ou un adverbe. Dans cette partie, nous allons étudier la structure *X shì X* dans laquelle *shì* est dans son emploi d'adverbe d'accentuation. Voyons les exemples ci-dessous:

(72) Zhè dōng xi, hǎo *shì* hǎo, zhǐ shì tài guì.

cette chose bien *shì* bien seulement trop chère.

Cette chose est vraiment très bien, seulement elle est trop chère.

(73) Yì jiàn ma, yǒu *shì* yǒu, dàn shì bù xiǎng shuō.

remarque PTCL interjective avoir *shì* avoir mais PTCL nég. vouloir dire

C'est vrai qu'on a des remarques, mais on ne veut pas les dire.

La structure d'ensemble de l'énoncé est en fait *X shì X + commentaire*. *X* est le prédicat de l'énoncé et *shì* sert à l'accentuer. *Shì* est jugé comme adverbe d'accentuation parce que ces énoncés peuvent être restitués en énoncés prédicatifs mais pas attributifs: *Cette chose est bonne / On a des remarques*. La structure *X shì X* constitue en fait la première partie d'une relation concessive avec le commentaire qui commence toujours avec une conjonction d'opposition comme *mais* ou *seulement*. Nous pouvons interpréter les énoncés (72) et (73) en français de façon suivante: *Cette chose est vraiment bonne, mais elle reste trop chère / C'est vrai qu'on a des remarques, seulement on ne veut pas les dire.*

3.4 Structure interrogative et *shì bú shì* (*shì* + *PTCL de négation* + *shì*)

Les interrogations partielles en chinois peuvent toutes être menées par *shì bú shì* (*shì* + *particule négative* + *shì*) que ce soit celles les énoncés attributifs ou prédicatifs. Nous distinguerons en premier lieu deux possibilités de *shì* dans cette structure interrogative: dans l'interrogation des constructions attributives, *shì* dans *shì bú shì* est un verbe copule; tandis que dans l'interrogation des énoncés prédicatifs en présence de *shì*, *shì* dans *shì bú shì* est un adverbe d'accentuation. De ce fait, il est clair que la catégorie grammaticale de *shì* dans l'interrogation est identique avec celle de *shì* dans la réponse. Nous allons voir ensuite que *shì* sert aussi à donner une réponse affirmative, dans ce cas, il est uniquement dans sa fonction d'adverbe d'accentuation (cf. Fan, 1996). Examinons les exemples suivants:

(74) Zhāng xiān shēng *shì* *bú* *shì* zhōng xué lǎo shī ?

Nom chinois monsieur COP PTCL nég. COP collège enseignant

Est-ce que monsieur Zhang est l'enseignant au collège?

Shì, (tā *shì* zhōng xué lǎo shī).
shì il COP collège enseignant
Oui, il est (enseignant au collège).

(75) Nǐ *shì* *bú* *shì* bù xíng qù shàng bān ?
tu *shì* PTCL nég. *shì* marcher aller aller au travail
Est-ce que tu vas au travail à pied?

Shì, (wǒ *shì* bù xíng qù shàng bān)
shì je *shì* marcher aller aller au travail
Oui, je vais au travail à pied.

(76) *Shì* *bú* *shì* nǐ gǎi biàn le jì huà ?
shì PTCL nég. *shì* tu modifier PTCL du passé planning
Est-ce que c'est toi qui as modifié le planning ?

Shì, (*shì* wǒ gǎi biàn le jì huà)
shì *shì* je modifier PTCL du passé planning
Oui, c'est moi qui ai modifié le planning.

Dans l'exemple (74), l'interrogation porte sur la construction attributive *Monsieur Zhang est un enseignant au collège* donc *shì* dans l'énoncé interrogatif est un verbe copule qui relie *enseignant* à *monsieur Zhang* comme dans la réponse. Dans (75) et (76), les énoncés ont leurs prédicats verbaux *aller au travail à pied / changer le planing* donc *shì* ne sert qu'à l'accentuation aussi bien dans la réponse que dans l'interrogation. *Shì* au début de la réponse est toujours un adverbe d'accentuation qui donne une affirmation.

3.5 Autres usages de *shì*

Nous avons dit que le caractère *shì* en chinois dispose de nombreux emplois. Hormis la fonction de verbe copule et d'adverbe, *shì* possède encore d'autres usages. Nous les énumérons brièvement:

a. *shì* signifie "correct"

(77) Bì xià   suǒ   yán   jí   *shì*.

empereur   PTCL   parole   extrêmement   correct

Ce que dit l'empereur est extrêmement correct.

(78) Wǒ   lái   yě   bú   *shì*,   bù   lái   yě   bú   *shì*.

je   venir   aussi   PTCL nég.   correct   PTCL nég.   venir   aussi   PTCL nég.   correct

Il n'est pas correct que je viennes, il n'est pas correct non plus que je ne viennes pas.

Dans ces énoncés, *shì* est un adjectif qui équivaut à *duì* (correct,e) et est opposé à *fēi* (incorrect,e). Cet emploi de *shì* est de moins en moins fréquent en chinois contemporain. Il n'apparaît aujourd'hui que dans certains textes littéraires.

b. *shì* sert à répondre aux ordres

(79) - Qù   tōng zhī   bān zhǎng   chè huí   jūn duì !

aller   informer   chef   retirer   l'armée

Vas informer le chef pour retirer l'armée!

-    *Shì* !

D'accord!

Ici *shì* est utilisé pour répondre aux ordres souvent entre les locuteurs des différentes hiérarchies. Son intonation est très appuyée. Ce qui le différencie de *shì* dans (74) (75) et (76) ou *shì* sert à donner une réponse affirmative, c'est qu'ici on ne peut pas donner la suite de la réponse comme *Shì, wǒ bù xíng shàng bān (je vais au travail à pied)*. *Shì* répond seul aux ordres de façon affirmative.

c. *shì* dans sa fonction de pronom démonstratif

(80) *Shì*   yè,   liǎng   rén   cù   xī   cháng   tán,   zhí   dào   tiān mng.

Cette   nuit   deux   personne   rapprocher   genou   longuement   discuter   jusque   arriver   levé du jour

Cette nuit, les deux personnes parlent en rapprochant leurs genoux jusqu'au levé du jour.[14]

C'est un usage de pronom démonstratif de *shì* signifiant "ce". Cet usage était très fréquent en ancien chinois et n'apparaît de nos jours en chinois contemporain que dans certains langages écrits. Parfois, on le retrouve dans certaines expressions figées qui sont l'héritage de l'ancien chinois:

(81) *Shì* kě rěn, shú bù kě rěn.
ceci pouvoir supporter quoi PTCL nég. pouvoir supporter
Si l'on peut supporter ceci, y aura-t-il d'autres choses qu'on ne peut pas supporter?

d. *shì* exprime "n'importe quel"

(82) Zhè rén hào chī lǎn zuò, *shì* huó dōu bú gàn.
cette personne aimer manger paresser travailler *shì* travail tous PTCL nég. faire
Cette personne est très paresseuse, pour peu que c'est un travail, il ne fait pas.

(83) Zhè diǎn lǐ mào, *shì* shuí dōu yīng gāi míng bai.
cette un peu politesse *shì* qui tous falloir connaître
Cette moindre de politesse, n'importe qui doit la connaître.

Dans ces deux énoncés, *shì* exprime le sens "n'importe quel". Il se place devant un nom qu'il veut qualifier. Il est intéressant de remarquer que même si cet emploi de *shì* exprime sémantiquement la même chose que *suǒ yǒu* (tout), grâce à l'emploi de *shì*, l'intonation de l'énoncé est plus accentuée. Ainsi la paresse (82) et le manque de politesse (83) sont-elles évidemment accentués.

4. Quelques difficultés dans la traduction du verbe *être* en chinois

Dans les dictionnaires franco-chinois, nous trouvons diverses explications pour le mot *être*. Les termes relevant du verbe copule *être* sont généralement traduits par le verbe copule correspondant *shì*. C'est-à-dire que, plus précisément, si *être* relie le sujet et l'attribut, il est alors un verbe copule, la traduction

---
[14] *Parler en se rapprochant les genoux* est une expression figée en chinois pour désigner la proximité des deux personnes.

correspondante étant *shì*. Selon Du (2011), le fait de traduire *être* par *shì* met l'accent sur la fonction verbale du mot *être*. Pourtant, comme nous l'avons vu, l'usage copulatif de *shì* subit de noubreuse contraintes grammaticales par rapport celui de *être*. Du (2011) signale que, historiquement, avant la Dynastie de Han (25 av. J.-C- 220 après J.-C), *shì* est un pronom démonstratif et non un verbe copule[15]. Durant toute son évolution linguistique, *shì* n'a jamais eu les mêmes fonctions grammaticales que celles d'*être* dans les langues occidentales. Par exemple, *shì* relie un sujet et un attribut, ce dernier doit toujours être un nom ou un terme nominatif, mais pas un adjectif.

Du (2011) montre qu'en fait, le verbe *être* dans les langues occidentales possède des significations beaucoup plus riches que *shì*, qui est sa traduction littérale en chinois. Le mot *être* dans les langues occidentales représente pour la langue chinoise une *trinité* d'expression, parce qu'il comprend les sens de trois termes chinois: *yǒu* (avoir), *zài* (exister ou être + l'espace) et *shì* (verbe copule). Par exemple, dans le cas où *être* s'accompagne d'un complément circonstanciel, il signifie *cún zài* ou *zài*. En chinois, ces trois sens sont exprimés séparément par trois mots, tandis que dans les langues occidentales, ils sont compris dans le seul mot *être*. Il faudrait admettre qu'il n'existe pas en chinois de mot qui puisse traduire tous les aspects du verbe *être* et que chacune de ces trois traductions est pertinente dans son contexte.

5. Propositions pour l'enseignement du verbe *être* dans les cours de FLE

Le verbe *être* fait partie des verbes les plus utilisés en français, donc l'enseignement de celui-ci doit être proposé d'abord aux apprenants dans leurs toutes premières séances d'apprentissage du français. Le travail de mon mémoire pourrait être utile à l'enseignement de la réalisation des constructions attributives en français avec le verbe *être* aux apprenants du niveau débutant. Etant donné que l'attribut de *être* peut être nominatif, adjectif, ou prépositionnel, l'objectif du cours peut porter sur la présentation et la description d'une personne ou d'une chose grâce à la réalisation des constructions attributives en utilisant le verbe *être*. Les apprenants devraient apprendre à construire les phrases élémentaires, telles que:

Je suis chinoise.

Mon ami est un étudiant.

Il est grand et brun.

Le chat est sous la table.

---

[15] Selon l'explication du dictionnaire *Shuowen Jiezi* (2ème siècle de notre ère), *shi* est un pronom, dont le sens est proche du démonstratif *ce*; le caractère *shì* vient du caractère *shi*, qui signifie «au-dessous du soleil de midi». *Shi* devient progressivement un verbe copule au cours de l'évolution de la langue chinoise:

Quand les apprenants arrivent à un niveau plus avancé, ils peuvent affronter les énoncés attributifs où *être* est absent. A ce moment-là, on pourrait faire un cours à propos des énoncés avec l'attribut du COD, des énoncés exclamatifs averbaux et des titres de journal. Ainsi, les apprenants savent qu'ils peuvent dire plus simplement:

Je trouve les fleurs belles au lieu de *Je trouve que les fleurs sont belles*.

Joli, ce tableau! au lieu de *Ce tableau est joli!*

Les manifestants dans la rue au lieu de *Les manifestants sont dans la rue* dans des titres de journal.

6. Conclusion

Nous avons vu que le verbe copule existe aussi bien en français qu'en chinois. Pourtant, les deux verbes copule *être* et *shì* n'ont pas complètement les mêmes usages. Partant d'un point de vue historique, le verbe copule *shì* provient d'un pronom démonstratif entre deux éléments nominatifs en ancien chinois, c'est ce qui l'a fait maintenir la position syntaxique même après son évolution en verbe copule. Néanmoins, les multiples catégories grammaticales de *shì* en ancien chinois demeurent en chinois contemporain et font que *shì*, à part sa fonction de copule, possède encore d'autres usages que *être* n'a pas. Et inversement, *être* intègre en lui un sémantisme qui se révèle beaucoup plus riche que la simple traduction en *shì*, laquelle se montre insuffisante. Et comme cette traduction partielle, l'enseignement du verbe *être* vise les apprenants débutants et ne se situe qu'aux niveaux syntaxique et fonctionnel, toutefois pour comprendre de façon plus approfondie le sémantisme du verbe *shì*, il faudrait remonter dans les pensées occidentales et les comparer avec celles du monde oriental.

7. Bibliographie

CHANG Junghsing, « The chinese copula *shì* and its origin: a cognitive-based approach », *Taiwan Journal of Linguistics*, 2006, Vol.4.1, pp. 131-156.

CHEN Tianfu, 1995, «Analysis of the *shì* sentences», *Journal of Henan University*, Vol. 35. pp. 70-73, China Academic Journal Electronic Publishing House.

DING Shengshu, 1961, *Mordern chinese grammar*, Beijing, The Commercial Press.

DU Xiaozhen, « Y a-t-il une traduction chinoise du mot *être* »?, Collège international de Philosophie, 2011/2 - n° 72, pp. 17-29.

FAN Xiao, 2009, *Multi-angle study of Chinese sentences*, Beijing, The Commercial Press.

FAN Xiao, 1996, «The differentiation of the homonymic and isomorphic *shì*», *Dictionary research*, N° 2, pp. 22-32.

FENG Li, 1993, «The copula in Classical Chinese declarative sentences», *Journal of Chinese Linguistics* 21.2: pp. 277-311.

KATZ Aya, 1996, *Cyclical Grammaticalization and the Cognitive Link between Pronoun and Copula*. Rice University Ph.D. Dissertation.

LI Charles, THOMPSON Sandra, 1977, A Mechanism for the Development of Copula Morphemes, *Mechanisms of Syntactic Change*, Austin: University of Texas Press, pp. 419-444.

LI Jinxi, 1959, *The new chinese grammar*, Beijing, The Commercial Press.

LV Shuxiang, 1979, *Analysis of chinese grammar problems*, Beijing, The Commercial Press.

MAROUZEAU Jules, 1910, *La phrase à verbe « être » en latin*, Paris, Geuthner.

MA Zhong, 1959, « The evolution of the usage of *shì* », The grammar book, Vol. 3, Beijing, The Commercial Press.

QIU Chongbing, 2005, *Annotations and translations of Wuzi's arts of war*, China Social Sciences Press.

REY Alain, REY-DEBOVE Josette, *Le Petit Robert - Dictionnaire de la langue française*, 2003, Nouvelle.

RIEGEL Martin, « Grammaire des constructions attributives: avec ou sans copule », dans *Construction, acquisition et communication: Etudes linguistiques de discours contemporains*, Gunnel Engwall pp. 29-51.

RIEGEL Martin, RIOUL René, PELLAT Jean-Christophe, *Grammaire méthodique du français*, 1994, Paris, PUF.

RUTKOWSKI Pawel, 2006, « From demonstratives to copulas: a cross-linguistic perspective and the case of Polish », *Journal of Universal Language* 7.2, pp. 147-175.

SUN Xixin, 1992, *The essentials of Chinese Grammar*, Fudan University Press.

TOURATIER Christian, 2006, « Verbe *être* et verbes d'existence », *Travaux du CLAIX*, no. 19. 2006, pp. 165-187.

VINET, M.-T., 1993, « L'aspect et la copule vide dans la grammaire des titres », *Langue française*, Vol. 100, N⁰ 1, pp. 83-101.

XIE Yongling, 1999, « Other analysis of the *shì* sentences », *Journal of Beijing Institute of Printing*, Vol. 7, N⁰ 2, pp. 44-49, 58, China Academic Journal Electronic Publishing House.

YAO Yaping, 1981, « The part of speech discrimination of *shì* », *Journal of Jiangxi University*, N⁰ 4, pp. 82-91, China Academic Journal Electronic Publishing House.

YANG Bojun, 2005, *Annotations and translations of Mengzi*, Zhonghua Book Compagny.

YEN Sian, 1986, « The origin of the copula *shì* en Chinese », *Journal of Chinese Linguistics* 14.2: pp. 227-241.

ZHANG Aipu, « The Autonomy of Sentences with Substantive Predicates in Chinese, Autonomie des phrases avec des predicats substantifs en chinois » , Crosse-cultural communication, Vol. 6, No. 4, 2010, pp. 01-08.

ZHANG Heyou, 2012, *Syntactic and semantic study of "shì" structure*, Peking university press.

ZHANG Jing, 1960, *The synthetic study of "shì"*, Henan peoples' Publishing House.

ZHANG Yingyan, 2006, *Annotations and translations of Lunyu*, Zhonghua Book Compagny.

Dictionnaires:

Dictionary of modern french-chinese and chinsese-french, (*Dictionnaire français-chinois et chinois-français contemporain*), 2009, under the direction of XU Xiuzhi, Foreign Language Teaching and Researching Presse.

Larousse the french language dictionary with bilingual explications, (*Larousse le Dictionnaire de la langue française avec explications bilingues*), 2006, under the diréaction of XUE Jiancheng, Foreign Language

Teaching and Researching Presse.

Modern chinese dictionary (*Dictionnaire du chinois contemporain*), 2005, under the direction of Dictionary editing room of the Institute of Linguistics of the Chinese Academy of Social Science, Beijing, The Commercial Press.

New chinese-french dictionary (*Nouveau dictionnaire français-chinois*), 2006, under the direction of ZHANG Yende, Shanghai Translation Publishing House.

Oui, je veux morebooks!

I want morebooks!

Buy your books fast and straightforward online - at one of the world's fastest growing online book stores! Environmentally sound due to Print-on-Demand technologies.

Buy your books online at
www.get-morebooks.com

Achetez vos livres en ligne, vite et bien, sur l'une des librairies en ligne les plus performantes au monde!
En protégeant nos ressources et notre environnement grâce à l'impression à la demande.

La librairie en ligne pour acheter plus vite
www.morebooks.fr

OmniScriptum Marketing DEU GmbH
Heinrich-Böcking-Str. 6-8
D - 66121 Saarbrücken
Telefax: +49 681 93 81 567-9

info@omniscriptum.com
www.omniscriptum.com

www.ingramcontent.com/pod-product-compliance
Lightning Source LLC
Chambersburg PA
CBHW021835300426
44114CB00009BA/454